A Rumpf

Thusis

A Rumpf

Thusis

ISBN/EAN: 9783744656528

Hergestellt in Europa, USA, Kanada, Australien, Japan

Cover: Foto ©ninafisch / pixelio.de

Weitere Bücher finden Sie auf **www.hansebooks.com**

Thusis. — Eingang der Viamala.

THUSIS.

Von

A. RUMPF.

Mit 20 Illustrationen von J. Weber.

ZÜRICH

Verlag, Druck und Illustration von ORELL FÜSSLI & Co.

Inhalt.

~~~

Vorwort.

Wem Gott will rechte Gunst erweisen,
Den schickt er in die weite Welt;
Dem will er seine Wunder weisen
In Berg und Strom und Wald und Feld.

Die Wahrheit obiger Verse *Eichendorff's* hat wohl Jeder
schon an sich erfahren, dem es vergönnt war, für einige Zeit
die Bürde des Alltagslebens von sich abzuschütteln, um den
Wanderstab zu ergreifen und hinaus zu pilgern durch Wald
und Flur, sich neuen Lebensmuth, und frische Kraft zum Schaffen
zu gewinnen; wären ihm auch die Grenzen seiner Wanderung
noch so eng gezogen gewesen.

In wie viel höherem Grade aber wird diess bei denjenigen
der Fall sein, denen Zeit und Mittel es gestatten, ihre Erholungs-
reisen weiter auszudehnen, und die wohlverdienten Ferien in
der Gebirgswelt, im erhabenen Alpengebiete zu verbringen.
Wie ganz anders wird denen der freie Hauch der Berge die
Brust schwellen, im Vergleich mit den im Tiefland Pilgernden;
wie wird ihnen mit jedem Tage der Kopf leichter, Herz und
Sinn freier und offener für all' die Naturschönheiten und grossartigen Eindrücke, die sich ihnen überall darbieten; wie werden
sie mit jedem Tage besser die lehr- und bilderreiche Sprache
der Natur verstehen lernen, wie sie ihnen aus tausend Zungen
hier entgegenklingt!

Drum auf, Freund, und folge mir in's Land der Berge,
in's romantische Graubündner Land! Ich will dich an den
schönsten Punkt dieses, mit Naturschönheiten so reich wie kein
Anderes, gesegneten Landes führen, wo dir Gelegenheit genug
werden soll, dich an „Berg und Wald und Strom und Feld"
zu erfreuen, wo heitere und ernste Bilder, historische und
sagenumwobene Stätten, Sinn und Auge dir gefangen nehmen,

und dich sicher nicht bereuen lassen werden, meiner Einladung gefolgt zu sein.

Unser Wanderziel ist das am Ausgange der vielberühmten *Viamala-Schlucht*, am südlichen Ende des lieblichen *Domleschg-Thales* gelegene, von den grünen Wellen des Hinterrheins bespülte, freundliche **Thusis**, der schönste und stattlichste Marktflecken Graubündens.

Hier magst du ausruhen und Erholung suchen von den Mühen des Berufes; und gewiss, du wirst sie finden in der herrlichen Umgebung, wie sie kein zweiter Ort des Kantons innerhalb so enger Grenzen aufzuweisen hat. Mit der weichen, würzigen und doch so stärkenden Luft, die du hier athmest, wird nene Lebenskraft dich durchströmen, die du täglich noch vermehrst durch Wanderungen in den nahen Tannenwäldern und neugestärkt wirst du an dein Tagewerk zurückkehren können. Die hier verlebten Tage oder Wochen aber wirst du sicher nicht zu den verlornen rechnen.

Thusis.

Von drei Seiten her münden Strassenzüge in Thusis ein. Im Norden von der Kantons-Hauptstadt *Chur* her, vereinigt mit der von *Andermatt* über die *Oberalp* führenden Route, im Süden durch die *Viamala* von *Splügen* her, woselbst sich die Routen über den *Bernhardin-* und *Splügen-Pass* vereinigen, und im Osten die neue Strasse durch den *Schynpass*, welche den Verkehr von und nach dem Engadin und dem berühmten Luftkurorte *Davos* vermittelt.

Alle drei bieten eine Fülle von landschaftlichen und Naturschönheiten, so dass schon die Reise hieher einen unbeschreiblichen Genuss gewährt, vor Allem natürlich dem rüstigen Fussgänger.

Bevor wir uns des Nähern in der Umgebung von Thusis umsehen und unsere Streifzüge in dieselbe antreten, wollen wir uns ein wenig mit dem Orte selbst beschäftigen.

Detaillirte Schilderungen über Geschichte, Volkssitten und
Gebräuche, Volkssagen etc. erwarte man nicht, denn hiezu
würde der knapp zugemessene Raum dieser Blätter nicht aus-
reichen. Wer sich über all' diese Dinge, soweit sie Thusis
und die angrenzenden Thalschaften betreffen, eingehender zu
unterrichten wünscht, dem empfehlen wir die mit ebenso
grossem Fleisse und Sachkenntniss, als anregend und mit sorg-
samster Benützung der vorhandenen Quellen verfasste Schrift:
Thusis und die Hinterrheinthäler von Herrn Dekan *Dr. Lechner*
in Thusis, *(Hitz & Hail* in Chur). Ihr sind auch die folgenden kurzen historischen Notizen entnommen.

Wie aus den Berichten römischer Schriftsteller zu ersehen,
haben sich etwa um das Jahr 600 v. Chr. flüchtige *Etrusker*
oder *Tuscier*, aus dem Süden kommend, und von den *Galliern*
aus ihren bisherigen Wohnsitzen vertrieben, in dieser Gegend
niedergelassen. Vornehmlich soll es der mythenhafte König
Rhätus, der angesehenste ihrer Heerführer, mit seinen An-
gehörigen gewesen sein, welche da sich ansiedelten, und denen
neben der Erbauung der festen Burgen *Rhäzüns* und *Hohen-
Rhätien* oder *Realta* (Rhätia alta?), welche den Aus- und Eingang zum Domleschg gleichsam bewachen, auch die Gründung
von Thusis zugeschrieben wird. Lateinisch heisst der Ort
wenigstens *Tuscia Rhätorum*; in alten Urkunden finden sich
ausserdem noch die Namen *Tusciana* und *Toscania*; romanisch
hiess es Tusanna oder Tossana auch Tuseun, jetzt aber Tusaun.
Thusis führt denn auch von Alters her ein Rhätus-Bild in
Siegel und Banner. Aus dieser ältesten Zeit sind aber weiter
keine Nachrichten erhalten, ausser dass weiter oben am *Heinzenberg* und am *Piz Beverin* vorüber eine Römerstrasse führte.
Auch soll Thusis früher eine befestigte Stadt gewesen sein.
Im 12. Jahrhundert Eigenthum der mächtigen Freiherrn *v. Vatz*,
wechselte es später mehrmals den Besitzer und kam endlich
durch Kauf an das Bisthum Chur. In den der Reformation
folgenden Religions- und Parteikämpfen, gelangte es, allerdings

zumeist ohne eigene Schuld, zu einer traurigen Berühmtheit durch die daselbst abgehaltenen blutigen Strafgerichte. Wie unter diesen politischen Wirren und Kämpfen der damaligen Zeit, so hatte es auch durch Natur- und Elementar-Ereignisse viel zu leiden. Besonders setzten Feuer und Wasser dem Orte mit nie rastender Verfolgungswuth zu. Mehrmals durch Pestseuchen entvölkert, brannte es fünfmal fast gänzlich ab, während ausserdem der aus den Schluchten des *Piz Beverin* herabkommende wilde *Nollabach* in unersättlicher Gier Grund und Boden unterwühlte und grosse Strecken fruchtbaren Landes verheerte. Nach dem letzten grossen Brande im Jahre 1845 baute sich der grösste Theil der schwergeprüften Bewohner, den alten väterlichen Boden verlassend, in tieferer Lage an. So verdankt das heutige Thusis seine jetzige schmucke Gestalt eigentlich einer Reihe von Unglücksfällen. Wie der heilige Vogel Phönix der alten Aegypter ist es neu verjüngt und schöner als zuvor aus seiner Asche wiedererstanden, als der schönste und regelmässigste Ort im ganzen Bündner Lande.

Seine angenehme Mittellage, 723 Meter = 2225 Par. oder 2410 Schweizer-Fuss üb. M., seine gegen rauhe Nordwinde vollkommen geschützte Lage, seine herrliche Umgebung, sonnige Spaziergänge, und ozonreiche, kühlen Schatten spendende Waldungen in *unmittelbarer Nähe*, lassen es sowohl als **klimatischer Kurort**, wie als **Sommeraufenthalt**, gleich vorzüglich geeignet erscheinen; sowie die sich hier in so reichem Maasse, wie kaum anderswo bietende Gelegenheit, zu nähern und weitern Ausflügen, verbunden mit *interessanten* und *lohnenden Bergparthieen* es als Stationspunkt für Touristen in hervorragender Weise empfehlen. Auch als **Uebergangsstation** *für die Engadiner Sommer- sowie die Davoser Kurgäste* besonders im Frühjahr ist es neuerdings wohlverdienter Maassen mehr in Aufnahme gekommen, und hierin von Jahr zu Jahr weiterer Fortschritt zu konstatiren.

Die hygienischen Verhältnisse sind die denkbar besten; Epidemien z. B. seit Menschengedenken keine mehr vorgekommen. Selbst während der heissesten Jahreszeit sind Abende und Morgen angenehm kühl; und mildern ausserdem die aus den Schluchten der *Viamala* und des Piz Beverin kommenden frischen Luftströme die Sommerhitze in angenehmer Weise. Frühjahr und Herbst sind in der Regel wunderschön zu nennen, und auch die Wintermonate sind nicht unangenehm oder unverhältnissmässig kalt; wie z. B. während des ganzen so strengen Winters 1879—80 das Thermometer nie unter *13⁰ R.* sank, während an vielen Orten des Tieflandes, die sich sonst sehr milden Winters erfreuen, 24⁰ R. und mehr zu verzeichnen waren. In gewöhnlichen Wintern beträgt die andauernde Kälte nie mehr als 6—8⁰ R. Dabei herrscht meist heiteres Wetter und fröhlicher Sonnenschein, so dass man beispielsweise von Anfang Oktober 1879 bis Anfang April 1880 kaum 30 trübe oder schlechte Tage zu verzeichnen hatte.

So vereinigen sich Klima und Natur, um den Aufenthalt dahier zu einem der angenehmsten zu gestalten.

Und welcher Reichthum an Naturschönheiten lieblicher und erhabener Art, bietet sich hier dem Auge des Besuchers, dazu so nah und mühelos zu erreichen, wie selten anderswo. Die grünen Auen, auf welchen hier der Fuss wandelt, liebliches Gelände ringsum, nur vom breiten Kiesbette des Rheins unterbrochen, die nahen Berge, an denen das Auge in die Höhe gleitet, die Schluchten der *Viamala* und des *Schynpasses*, in die es bewundernd sich vertieft; die schwarzen Fluthen des *Nolla*, aus finsterer Schlucht hervorstürmend, daneben als wirksamer Gegensatz die smaragdgrün schimmernden Wellen des *Rheines* und die blaugrünen der *Albula*; dort die kahle Pyramide des *Piz Beverin*, hoch in den blauen Aether ragend daneben die grünen Matten und heerdereichen Triften des *Heinzenbergs* und gegenüber die sonnigen Gefilde des *Domleschg*, besät mit Schlössern, Burgen und Dörfern; der steil aufstrebende Felsklotz des *Johannisberges*, in den Ruinen von *Hohen-Rhätien*, die Wiege der rhätischen Sage tragend, die schattigen Spaziergänge im sogen. *Borel*, am *Craptaig* und dem nahen *Schlosswald*, all' diess vereinigt sich, um dem Auge des Wandernden ein eben so erhabenes, als liebliches Landschaftsbild zu bieten.

Romantik und freundliche Idylle, wohin man blickt! Neben schauerlicher Gebirgswildniss lacht fruchtbares Gelände, kurz an Abwechslung und Gegensätzen ist nirgends Mangel.

Auch dem Botaniker und Geologen bietet sich reiche Ausbeute an Pflanzen nnd Mineralien. Die Flora der Umgebung von Thusis ist zwar noch keine hochalpine; da aber die meisten Tiefland-Pflanzen, und die ganze Flora der Voralpen hier vertreten, die nahegelegenen höheren Gräte mit hochalpiner Flora aber mühelos zu erreichen sind, so ist die Flora eine weit reichhaltigere und vielseitigere, als die der eigentlichen hochalpinen Region.

Das Gestein, welches beide Gehänge des Domleschg, der Viamala und des Schyn etc. bildet, ist grösstentheils der sogenannte Bündner Schiefer, seiner Hauptmasse nach aus schwarzgefärbtem, meist etwas kalkhaltigem Thonschiefer bestehend, und stellenweise Einlagerungen von Kalkschiefer sowie von Quarzit und Quarzitsandsteinbänken enthaltend, und häufig von Adern durchzogen, welche Albit, Quarz- und Calcitkrystalle u. dgl. enthalten.

Die Hauptfundstellen für Quarzkrystalle sind am Piz Beverin, doch finden sich auch solche im Nollabett, nebst Albit und Schwefelkies. Kalkspath findet sich an den Wänden des Saissaberges, und in den verlassenen Bergwerken von Schams und Ferrera reiche Silber-, Blei- und Eisen-Erze, ausserdem mächtige Gyps- und Marmorlager etc. Auf den Terrassen der beiden Gehänge des Domleschg finden sich bis hoch hinauf *erratische Blöcke* und *Moränenreste,* als Zeugen einer in vorhistorischer Zeit weit grösseren Verbreitung und Ausdehnung der Gletscher.

Bietet sonach der Aufenthalt in Thusis dem Touristen und Naturforscher, sowie den lediglich Ruhe und Erholung Suchenden bei schönem Wetter Unterhaltung und Zerstreuung genug, so ist dagegen auch bei schlechtem Wetter genügend gegen die böse Langeweile gesorgt, indem die komfortabel und reich ausgestatteten Lese-Salons der hiesigen *renommirten* Hotels, sowie die den Fremden zur Benützung offenstehende Bibliothek

Thusis. — Domleschg.

es hiesigen Lesevereins ausreichenden Stoff zu geistiger Unteraltung bieten. Die in einigen Restaurations-Lokalen aufestellten Billards werden Freunden dieses edlen Spieles auch ber manche Stunden des durch schlechtes Wetter bedingten Iausarrestes hinweghelfen können.

Nachdem wir nun in Vorstehendem die Annehmlichkeiten ines Aufenthaltes in Thusis im Allgemeinen genügend herorgehoben zu haben glauben, wollen wir unsere Spazieränge und Ausflüge in die Umgegend beginnen und laden en freundlichen Leser ein, uns auf denselben zu begleiten.

Rosenhügel. Belvedere. Crapteig.

Als nächster Aussichtspunkt und Ziel eines kleinen Spazieranges bietet sich uns der *Rosenhügel* und der oberhalb deselben auf einem Felsen befindliche Pavillon *Belvedere*. Beides ind vorgeschobene Terrassen des bewaldeten Felsstockes *Crapteig*, und bieten einen hübschen Blick auf Thusis und die Jmgebung. Auf dem Rosenhügel befindet sich Sommerwirthchaft und Felsenkeller einer hiesigen Brauerei. Der Weg on hier nach dem Pavillon Belvedere wurde vom Verschöierungs-Verein in Thusis angelegt. Noch weiter oben, am Jnde der steilanstrebenden Felswand gelegen, ist ein herricher Punkt: die Bastei des Crapteig, zu welcher ein bequemer ind schattiger Weg von der zur Viamala führenden Strasse ibzweigt. Die Aussicht hier oben ist weit umfassender und usgedehnter als von erstgenannten beiden Punkten aus. Beledere ist in einer Viertelstunde und Bastei Crapteig in etwa iner Stunde zu erreichen.

Schlosswald. Taubenstein. Tagstein.

Der schönste Spaziergang in nächster Umgebung ist untreitig der zum Aussichtspunkte *Taubenstein* und von da zum Schlosse *Tagstein* führende Weg durch den parkartigen sog.

Schlosswald, dem wir nun unsere Schritte zulenken. Gleich ausserhalb des nördlichen Endes der Hauptstrasse, biegt ein Fahrweg links ab, von welchem sich nach wenig Schritten ein in sanfter Steigung aufwärts führender Spazierweg abtrennt. Er führt uns dem bewaldeten Ausläufer des *Heinzenberges* zu, welcher auf seinem Plateau das, von unten nicht sichtbare, Schloss Niedertagstein trägt, im Besitze des Herrn Dr. jur. Golther von Ravensburg. Bald umfängt uns schattenspendender Wald, und wir gelangen zu einem Pavillon, dessen Aussicht leider

Untertagstein.

durch die rundum hoch emporgewachsenen Bäume wesentlich beschränkt ist. Doch erlaubt es auch so noch einige hübsche Blicke in's Thal hinab, und bei hellem Wetter können wir den in der Ferne hinter der *Schynschlucht* emporragenden Kegel des *Piz Kesch* erkennen. Von da führt uns der Weg nun fortwährend durch mit Laubholz untermischten Tannenwald, an üppig grünen Wiesen vorbei, in mancherlei Abwechslung und Ueberraschung gewährenden Windungen sanft ansteigend, zu einem, gegen Norden sich steil aus dem Walde erhebenden Felskopfe, dem *Taubenstein*. Von hier fällt unser Blick zunächst hinab auf die nach Chur führende Landstrasse; die Häuser des Hofes *Summaprada* und das katholische Pfarrdorf Kazis begrenzen dieselbe in nächster Nähe, während wir weiter hinab die Gebäude der kantonalen Irren- und Besserungs-Anstalt Realta erblicken. Reizend ist der Blick aufs *Domleschg* und die dasselbe begrenzenden Höhen, sowie über die Schluchten der *Schynstrasse* hinweg.

Von hier wendet sich der Weg wieder südlich, und theilt sich etwas weiter oben; zur Rechten längs einer Wiese zum sog. *Zigeunerloch*, einer hübschen, von Wald umgebenen Felsenpartie führend, gerade aus zu einem freien Platze, wo unser Weg mit einem direkt von Thusis heraufführenden zusammentrifft. Wir können nun entweder den Letzteren einschlagen, der, so lange er oben an der Höhe hinführt, hübschen Ausblick auf den *Piz Curver*, *Taspin*, das *Muttnerhorn*, *Hohen-Rhätien* und in die Viamalaschlucht gewährt, oder uns rechts wendend, an *Schloss Tagstein* vorüber in ein anmuthiges, nach Norden abfallendes Thal gelangen. Dem Laufe eines muntern Baches folgend, erreichen wir bald den Einzel-Hof *Cresta*, in dessen Nachbarschaft auf waldumsäumtem Wiesenplan alle zwei Jahre die Landsgemeinde des Kreises abgehalten wird. Weiter unten bei einem verlassenen Fabrikgebäude, der sog. *Lochmühle*, bildet der Bach einen hübschen Wasserfall. Wir überschreiten noch die beiden Arme des Parteiner Tobels *) und kommen am Weiler *Savusch* vorüber, längs des hocheingedämmten Bergwassers hinab auf die Landstrasse und von da nach Thusis zurück. Der Weg zum Taubenstein wurde vor mehreren Jahren vom hiesigem Verschönerungs-Vereine erstellt, vom Taubenstein aus jedoch von Herrn Dr. Golther in anerkennens-

---

*) Wildwasser, welche nach anhaltend starken Regengüssen oder in Folge von Hochgewittern in den Bergen, oft plötzlich durch das, von allen Seiten ihnen zuströmende Regenwasser verstärkt und angeschwellt. Verderben bringend, zu Thale stürzen; Bäume, Felsblöcke und eine Unmasse von Bergschutt und Geröll mit sich reissend. Viel fruchtbares Gelände ist durch solche Ausbrüche verloren gegangen, abgesehen von sonstigem Schaden an Gebäuden u. dgl.

Heinzenburg mit Präz.

etwas verwachsene Wege nach allen Richtungen. werther Liberalität weiter fortgeführt; den ganzen Schlosswald durchkreuzen noch viele andere, zum Theil allerdings Richtungen.

Der Heinzenberg.

Der Heinzenberg ist der nördliche Ausläufer der vom *Rheinwaldhorn* (Piz Val-Rhin, Adulaspitze) ausgehenden Gebirgskette, und erstreckt sich, am Piz Beverin beginnend, in einer Ausdehnung von etwa zwei Stunden gegen Norden, nach Rhäzüns zu in niedrigen Hügeln abfallend.

Fast bis zum Grat hinauf geschmückt mit herrlich grünen Matten und kräuterreichen Alptriften, freundlich blickenden Dörfern, dunklen Tannenwäldern und rauschenden Bergwassern, welche stellenweise tiefe Schluchten eingerissen haben, längs seines ganzen oberen Theiles mit einem Walde von Alpenrosenbüschen bedeckt, gewährt er, von wo immer gesehen, einen, wegen seines wellenförmig verlaufenden Grates zwar nicht grossartigen, aber immerhin anmuthigen und lieblichen Anblick. Sein höchster Punkt ist die in gerader Richtung oberhalb des Dorfes *Sarn* befindliche Kuppe, 2162 M. ü. M. Der Grat ist sozusagen mühelos zu erreichen; besonders gilt diess von der nördlichen Spitze, dem *Präzer-Grate* oder *Präzer-Horn*, welches zwar um 39 Meter niedriger als vorerwähnte Kuppe, wegen seiner weiter vorgeschobenen Lage jedoch als Aussichtspunkt weit vorzuziehen ist. Den besten Eindruck vom *Heinzenberg* wird man unbedingt gewinnen, wenn man ihn nach allen Richtungen durchwandert; er bietet Material genug zu Spaziergängen für mehr als eine Woche und gewährt reizende Bilder seiner selbst und seiner Umgebung.

Von seinen tiefer gelegenen Ortschaften nennen wir zunächst *Dalaus*, von wo aus man einen Blick in die Wildnisse der Nollaschlucht werfen, und das stark abfallende Bett des schlimmen Gesellen fast bis zu seinem Beginn verfolgen kann. Weiterhin *Masein*, woselbst uns eine schmucke Villa in's Auge fällt, dem Herrn A. Feltscher, Oberregisseur am k. k. Hoftheater in Petersburg gehörig, welcher, hier geboren, alljährlich seine Ferien da zubringt. Von Masein aus führen verschiedene hübsche Waldwege mit pittoresken Scenerien hinauf nach der kleinen Orschaft *Purtein*, woselbst die Ruine der ältesten Kirche dieser Gegend sich befindet, oder am Maseiner Kirchlein vorüber hinab durch die waldige Schlucht und drüben hinauf zum Hofe *Schauenstein*, von wo wir ebenfalls hinauf nach *Purtein* oder hinab nach *Savusch* und auf die Strasse gelangen können. Etwas höher wie Schauenstein liegt das Dorf *Tartar*.

Von Dalaus oder Masein über grüne Matten ansteigend, erreichen wir bald das reizend gelegene *Flerden*, von wo aus gesehen der Heinzenberg sowohl als die Umgebung herrliche Bilder gewähren. Besonders schön ist der Blick gegen das Dorf *Präz* und die Ruine *Heinzenburg*. Von hier wandern wir immer der Höhe entlang, einen Verbindungsweg verfolgend, über *Purtein* und *Sarn* nach *Dalin* und *Präz*. Von Präz aus führt ein bequemer Weg hinauf in die Präzer-Alp und von da ein gut erkennbarer Pfad auf das Präzer-Horn. Die Aussicht hier oben ist eine sehr lohnende, und die Besteigung mühelos. Die Bergüner und Oberhalbsteiner Berge, die Scesaplana- und die Rhätikonkette, ein grosser Theil der Tödikette, die düstern Gräte der Savier-Berge, sowie freundliche

Fürstenau.

Thalbilder fesseln den bewundernden Blick; klein ist die Mühe und herrlich der Lohn.

Mehr am südlichen Rande bleibend, gelangen wir, vor Dalaus ansteigend, nach Urmein; hier vorbei und dort drüben durch den Wald hinauf führte die schon erwähnte alte Römerstrasse. Und während wir weiter unsern Weg verfolgen, sehen wir sie im Geiste an uns vorüberziehen, die kampfgewohnten Cohorten, wie sie einst ihre Adler über die Alpen trugen, um dann im Teutoburger Walde unter den Streichen der Cherusker zu verbluten. Bald erreichen wir Tschappina und befinden uns nun auf „beweglichem" Boden. Es ist diess das sog. „rutschende Dorf" der Reisehandbücher. Thatsache ist, dass in Folge der steten Abrutschungen gegen den Nolla zu, Ställe und Wiesen hinabsanken und auch Wohngebäude sich senkten, wie auch die Mauer der Kirche in Folge theilweiser Senkung sich geborsten zeigt. Etwa eine halbe Stunde oberhalb Tschappina liegt das blaugrüne Gewässer des *Lüscher-See's*, für dessen unterirdischen Abfluss man den schwarzen Nolla hält. Links davon liegt der Weiler *Glas*, wo die den Piz Beverin Besteigenden Nachtquartier zu nehmen pflegen.

Rietberg, Canova, Paspels.

Von hier führt der Weg hinab in das ernste Savienthal, an dessen Ende zwei *interessante Hochpässe* nach *Vals* und *Splügen* führen.

Das Domleschg.

Der heutige Tag soll einer Wanderung durchs freundliche *Domleschg* gewidmet sein. Wir passiren Nolla- und Rheinbrücke, und unmittelbar nach Ueberschreitung der Letzteren biegen wir zur Linken von der Strasse ab, einen über die broite Schutt- und Kiesfläche des Rhein's führenden Fussweg einschlagend. Das freundliche *Sils* zur Rechten lassend, überschreiten wir auf einer gedeckten Holzbrücke die *Albula*. Hier entfaltet sich vor unsren Augen ein prächtiges Bild: Schloss Baldenstein, mit den unter ihm liegenden Fabrikgebäuden, und dahinter, auf steilem Fels die uralte Ruine Campi. Wir folgen nun einem sich zu unsrer Rechten aufwärts ziehenden Strässchen und erreichen bald das Dorf *Scharans*, von dessen Höhe aus wir schon einen hübschen Ueberblick über das sich vor uns ausdehnende Gelände haben. Es ist historischer Boden, auf dem wir wandeln. Hier in Scharans begann *Georg Jenatsch*, der Wallenstein Graubündens, später gleich berühmt als Staatsmann und Feldherr, als einfacher Pfarrer seine Laufbahn. Dort zur Linken ragt das stattliche Schloss Rietberg hervor; *Pompejus v. Planta*, das Haupt der österreichisch-spanischen Partei, verblutete hier am 25. Februar 1625 unter den Axthieben des obengenannten *Georg Jenatsch* und seiner Genossen. Jenatsch selbst aber erreichte die Nemesis 18 Jahr später, nachdem er unterdessen eine bedeutende Rolle in seinem Vaterlande gespielt hatte, auf einem Balle in Chur. Mit derselben Axt, durch welche Pompejus den Todesstreich empfing, wurde auch er, wie es heisst, unter Mitwirkung von Pompejus' Tochter, *Katharina v. Planta*, erschlagen. Grauenvolle Bilder einer düsteren Vergangenheit! Lassen wir sie ruhen und wenden wir uns freundlicheren zu, wie deren mit jedem Schritte neue vor uns auftauchen. Links unten sehen wir Schlösser und Gebäude von *Fürstenau*. Das alte Schlossgebäude, früher im Besitze des Bischofs von Chur, hat der Edelsinn des nunmehrigen Besitzers, Hrn. *P. v. Planta* zu einem Kranken-Asyle eingerichtet. Das neue Schlossgebäude dient dem Besitzer zum Sommer-Aufenthalt. Weiterhin sehen wir *Rotels* mit der Ruine *Hasensprung;* vor uns liegt *Almens* mit seinem stattlichen neuen Schulhause, und links davon erhebt sich der zur Hälfte in Trümmern liegende Thurm von *Canova* oder *Neu-Sins*. Bald haben wir Almens im Rücken und befinden uns auf der Höhe von Canova. Ein kleiner See, von dunklem Tannenhain umgrenzt, darüber der hochragende, halbzerstörte Thurm, bilden ein ebenso anmuthiges wie romantisches Bild. Wir werfen noch einen Blick zurück auf den schmucken Edelsitz von Fürstenau, der sich von hier aus besonders schön ausnimmt, und erreichen dann in wenigen Minuten *Paspels* mit der Ruine *Alten-Sins*. Beide Burgen wurden im sog. Schamser Kriege zerstört. Da leuchtet vor uns vom bewaldeten Hügel hell aus dunklem Tannenwald herab das kleine Kirchlein St.-Lorenz. Wir versäumen nicht, es zu besuchen, und uns der herrlichen Aussicht zu erfreuen, deren man dort über das ganze schöne Thal und seine Umgebung geniesst. Gleich daneben erhebt sich auf schroff und steil aus dem Rheinbette emporstrebendem Felsen der stattliche, vollkommen restaurirte Herrensitz, Schloss *Ortenstein;* früher im Besitze der *Grafen v. Travers*, ist es in neuerer Zeit in den Besitz der alten Familie *Juvalta* übergegangen. Zur Rechten treten Kirche und Häuser von *Tomils* hervor und liegt hoch oben am

Thusis. — Hohen-Rhätien von der Viamala aus.

Abhange des Faulhornberges die Ortschaft *Trans*. Vor uns erheben sich die Terrassen des *Bündnersteins* mit den Dörfern *Ober-* und *Unter-Scheid*. Wir passiren das wilde Tomilser Tobel und gelangen nach *Rothenbrunnen*, welches seinen Namen einer ockerhaltigen, stark frequentirten Mineralquelle verdankt. Darüber blickt trotzig auf steiler Felsnadel der alte Thurm von *Ober-Juvalta* herab. Ausserhalb Rothenbrunnen's, auf der hier den Uebergang vermittelnden Brücke den Rhein überschreitend, sehen wir weiter unten die Ruinen von *Nieder-Juvalta*, deren Ringmauer-Reste wir bis zum Rhein hinab verfolgen können. Weiter hinaus, gleichsam den Eingang ins Thal hütend, erhebt sich auf stolz aufsteigendem Felsvorsprung das alte Schloss *Rhäzüns*, dessen Ursprung sich in die Zeit der ältesten rhätischen Sage verliert, und dahinter erblicken wir die *St. Georg's Kapelle*, welche eine Anzahl mittelalterlicher Fresken in der naiven Auffassung jener Zeit enthält, wie sie in solcher Reichhaltigkeit kaum mehr wo anders anzutreffen sein dürften. Herrn *Dietrich Jäcklin*, dem Besitzer von Hohen-Rhätien gebührt das Verdienst, dieselben durch Vervielfältigung mittelst Lichtdruck weiteren Kreisen zugänglich gemacht

Ortenstein.

zu haben*). Wir verfolgen nun die Landstrasse nach Thusis und haben auf dem ganzen Wege Gelegenheit, die Schönheiten der nun durchwanderten Landschaft aufs Neue von der andern Seite kennen zu lernen. Und während wir im Anschauen verloren, schweigend unseres Weges ziehen, tauchen

---

*) Im Verlage von Jost & Albin in Chur.

Thusis.

2

beim Anblick dieser Schlösser und Burgtrümmer aufs Neue blutig düstere Bilder einer von wilden Parteikämpfen durchtobten Vergangenheit vor unserem geistigen Blicke auf. Doch nicht lange können wir ihnen nachhängen, denn um uns her tönt und webt das voll pulsirende Leben der Gegenwart. In schnellem Lauf eilt mancherlei Gefährt an uns vorüber; flinke Einspänner und Extraposten, dazwischen dröhnt und ächzt manch schwer beladener Lastwagen, der das edle Traubenblut des Veltlin's weiter ins Land führt, und bald überholt uns das flotte Fünfgespann der eidgenössischen Post. Wir werden aufgeschreckt aus unseren Träumen über längst Vergangenes und zurückgeführt zur lebendigen Gegenwart. Vor uns tauchen die Gebäude der kantonalen Besserungs-Anstalt *Realta* und dahinter das Dorf Kazis auf. Während wir Beiden zustreben, lassen wir den Blick fleissig umherschweifen. Drüben winkt der Gipfel des *Faulhorns*), mit diesem durch einen schmalen Grat verbunden, das *Stützerhorn*, wegen seiner prachtvollen Aussicht der *Graubündner Rigi* genannt. Daran reiht sich die ebenfalls herrliche Aussicht bietende *Daniser Spitze* mit ihren Ausläufern, und im Hintergrunde des *Schynpasses* grüssen uns die firnbedeckten Häupter des *Piz Err* und der *Cima da Flix*. Beim Weiterwandeln verschwinden diese allmälig, und mächtig erhebt sich vor unsrem Blicke die gewaltige Pyramide des *Piz Michél*, den eisgepanzerten Scheitel hoch in die Lüfte streckend, und hinter ihm lugen die Spitzen des *Tinzenhorn's* und des *Piz Aela* hervor. Wir passiren Kazis mit seinem alten, gegenwärtig von Dominikanerinnen bewohnten Kloster, welches um das Jahr 680 von *Esopeja*, der Gemahlin des Bischofs Paschalis von Chur, erbaut wurde, und bald darauf den Hof *Summaprada* und stehen nun an der Brücke, die über das eingedämmte Bergwasser führt. Hier machen wir einen Augenblick Halt, und umfassen noch einmal mit einem Blick all' die Herrlichkeiten der heute durchwanderten Strecke. Hinter dem Schyn sind Piz Michel und seine Nachbarn zurückgetreten und steht statt deren die Kegelgestalt des Piz Kesch, zur Rechten blickt friedlich die *Kirche von Masein* aus grünem Tannenwald herab und dahinter erhebt sich stolz und ernst die kahle Pyramide des *Piz Beverin*. Noch eine kurze Wanderung, dann biegen wir um eine Strassenwindung und blicken hinein in die breite Strasse von Thusis.

Hohen-Rhätien.

Auf dem in einer Höhe von etwa 600 Fuss über dem Niveau des Rheines fast senkrecht aufstrebenden Felskolosse, einem Vorsprung des Muttner Berges erheben sich als Zeugen grauen Alterthums die Trümmer

---

*) Der Name ist entstanden durch das leichte Verwettern des Bündner Schiefers, im Volksmunde „Verfaulen" genannt.

der ältesten rhätischen Veste, die Ruinen von Hohen-Rhätien. Ihnen
gilt unser heutiger Ausflug. Gleich nachdem wir die Rheinbrücke
überschritten haben, sehen wir zur Rechten einen in den Fels ge-
sprengten Weg gemach aufwärts führen. Es ist diess der, vom Besitzer
des Burgkomplexes, Herrn *Dietrich Jäcklin*, und dem hiesigen Ver-
schönerungs-Verein im Sommer 1879 neu erstellte Weg, welcher uns
zunächst auf den von einer alten knorrigen Rothtanne beschatteten
Gyrenfels führt. von wo aus man schon einen hübschen Blick hinab
auf den Rhein und die Umgebung hat. Von da bringt er uns in mäs-
siger Steigung über steile Halden, dann durch schattigen Wald und
zuletzt über grüne Rasenhänge, etwa in halber Höhe den alten, von
Sils herführenden Weg kreuzend, in mannigfachen Windungen bis
zum Eingange des Burgberges. Von da führt ein schon länger an-
gelegter, bequemer Weg in wenig Minuten hinauf zur altehrwürdigen
Stätte. *Hier befinden wir uns im Herzen der ältesten rhätischen Sage!*
Der Etruskerkönig *Rhätus* selbst soll, der Volkssage nach, etwa um
600 v. Chr. die Burg erbaut haben, als starke, das ganze Thal beherr-
schende Veste. Die Thatsache, dass Bruchstücke von Bronce-Waffen
gelegentlich vorgenommener Erdarbeiten hier oben gefunden wurden,
würde freilich auf eine weit frühere Zeitperiode, wenn nicht des Be-
standes der Burg, so doch stattgehabten bewaffneten Besuchs der
Stätte selbst, deuten. Tiefes Dunkel deckt ihre früheste Geschichte.
Wenn die alten Trümmer, statt mit ihrer stummen, mit vernehmlicher
Sprache zu uns reden könnten, von welcher Pracht und Herrlichkeit,
aber auch vielleicht von wie viel Elend und Jammer, von welchen
Wandlungen und Schicksalen, Kämpfen und Stürmen könnten sie uns
erzählen! Sie können es nicht, und wir müssen uns an ihrer stummen
Sprache über die Vergänglichkeit alles Irdischen genügen lassen.
Die Burg wird in alten Urkunden *Rialt* und später *Hoch-Ryalt*,
auch *Hoch-Realta* genannt. Ob der Name aus *Riva alta* oder *Rhätia
alta* oder sonst woher abgeleitet wird, lässt sich mit Bestimmtheit nicht
entscheiden. Um das Jahr 600 n. Chr. war sie im Besitze des mächtigen
francorhätischen Geschlechtes der *Viktoriden;* später werden *Edle von
Hoch-Realta* genannt. Vier mächtige Thürme flankirten sie, von denen
zwei Mauerwerk von besonderer Stärke zeigen. Die sonstigen Reste
von Ringmauern u. drgl. lassen auf ihre ehemals bedeutende Ausdehnung schliessen. Nahe dabei, doch einer viel spätern Zeit angehörig,
und ausserhalb der ehemaligen Ringmauern stehend, sehen wir die
Reste einer dem hl. Johannes dem Täufer geweihten Kirche, deren
Thurm und Seitenwände sich noch ziemlich wohl erhalten zeigen.
Sie war lange Zeit die einzige Kirche für Domleschg und Heinzenberg,
und von ihr hat der Fels den Namen Johannisberg erhalten, sowie der
ganze Complex häufig kurz gefasst Johannisburg genannt wird. Zerstört wurde die Burg ebenfalls schon frühzeitig, doch soll sie im 15.

Jahrhundert noch bewohnbar gewesen sein. Der Sage nach soll sich
der letzte Burgherr, um den die Burg stürmenden Volkshaufen nicht
lebend in die Hände zu fallen, auf seinem Streitross, dem er zuvor
die Augen verbunden, hinab in den Rhein gestürzt haben.

Bei der Lage der Burg begreift es sich, dass man eine prächtige
Aussicht zu geniessen hier Gelegenheit hat. Mehr als 20 Ortschaften um-
fasst der Blick, dazu die vielen Schlösser und Burgen des Thales und
der umliegenden Höhen, und das Auge schweift weit über die Grenzen
des Thales hinaus. Dem Besitzer der Burg gebührt das Lob, auch
für das materielle Wohl der Besucher gesorgt zu haben, indem derselbe zwei der Thürme ausbauen und wohnlich einrichten liess, und
eine Restauration daselbst errichtete. Seitdem und seit der Erstellung
des neuen Wegs hinauf hat der Besuch des reizenden Punktes von
Seite Einheimischer wie Fremder bedeutend zugenommen. Nur schwer
trennen wir uns von dem herrlichen Platze und seinem Rundgemälde
von Berg und Thal, Schlössern und Ortschaften, das stets aufs Neue
unsre Blicke fesselt, und wandern, noch manchen Blick umher und
zurück auf die alten Trümmer werfend, den Burgberg hinab. An seinem
Fusse angekommen, steigen wir, statt abwärts, eine Strecke aufwärts
in den Wald, bis wir einen an hoher Felswand hinführenden auf-
gemauerten Weg erreichen. Hier wenden wir uns links und gehen
ein gutes Stück durch den Wald gen Sils zu, machen, zwischen grünen
Hecken niedersteigend, der Ruine *Ehrenfels* im Vorbeigehen einen
Besuch, und kommen dann am Ausgange von Sils, in der Nähe der
Kirche auf die durch den Schynpass führende Poststrasse. Da wir
noch Zeit haben, so verfolgen wir sie ein Stück aufwärts, wenden uns
dann links dem Silser Begräbnissplatze mit dem alten Kirchlein *St. Cassian*
und seinem noch älteren Thurme zu, und um den Hügel herumgehend,
gelangen wir zur Burg *Baldenstein* und den darunter liegenden Fabrikgebäuden, worauf wir einen durch die Felder sich ziehenden Pfad
verfolgen, welcher uns in die Mitte von Sils geleitet, von wo wir dann
auf der Poststrasse gemächlich und noch manchmal zu den jetzt wieder
hoch über uns herabschauenden Ruinen aufblickend, der heimischen
Schwelle zuwandern.

Die Viamala.

Nachdem wir von Hohen Rhätien aus schon manchen
forschenden Blick auf das pittoreske Felsenportal geworfen,
aus welchem der junge Rhein hervorströmt, eilen wir, selbst
in dasselbe einzutreten und bald nehmen uns die Felsenhallen
des *verlornen Loches* auf, dessen Eingang die Felskolosse des

Johannisberges einer- und des waldigen Crapteig anderseits flankiren. Kühlerer Luftstrom weht uns hier entgegen und dämmeriger Schatten umfängt uns. Zur Linken zeigen sich meist kahle, jäh aufstrebende Felswände, während an den Abhängen der Strassenseite dunkle Tannen wurzeln, die tief eingerissenen Schluchten beschattend. Unten braust der Rhein in jugendlichem Ungestüm dahin, seine Kraft an Felsblöcken und Wänden versuchend und zeitweise dem Auge des Wanderers durch aus der Schlucht aufstrebenden Tannenwald entzogen. Durch letzteren zieht sich ein Fusspfad an den Strom hinab, wo man dem Spiele der Wellen, auf moosigem Steine ruhend, zuschen kann. Die Strasse steigt fortwährend an, die Felsen treten von beiden Seiten immer näher zusammen und die Strasse scheint fast zu enden; wir biegen nun um eine Ecke der Felswand und plötzlich gähnt uns ein finstrer Schlund entgegen, der Eingang eines hier durch die vorspringende Felswand

Die erste Brücke in der Viamala.

getriebenen Tunnels. Kurz zuvor geniessen wir noch vom
sogenannten Känzeli aus, einem Mauervorsprung der Strassen-
brüstung, einen sehr schönen Rückblick auf Thusis, Hohen-
Rhätien und den in der Tiefe dahineilenden Strom. Wir
durchschreiten den 218' langen Tunnel, in den Reischandbüchern
meistens fälschlich das *verlorne Loch* genannt. Unter diesem Namen
ist jedoch die ganze Strecke von Thusis bis zu dem nun bald
von uns erreichten Dörfchen Rongellen zu verstehen, weil man
früher, nachdem bereits die eigentliche Viamala als Verkehrsweg benützt wurde, an einem Weiterführen der Strasse durch
diesen Theil der Schlucht verzweifelte, und jede desshalb auf-
zuwendende Mühe für verloren hielt. Nun beginnt für eine
kurze Strecke die stärkste Steigung der Strasse; plötzlich
erweitert sich die Enge der Schlucht, ein freundlicheres Bild
vor Augen führend, zu dem kleinen Thalbecken, in welchem
das Dorf Rongellen liegt. Links drüben zieht sich die zerklüftete
Schlucht des *Traversiner-Tobels* herunter und darüber erblickt
man hoch oben die Alphütten von *Obermutten*. Hinter Rongellen
beginnt nun die eigentliche *Viamala*. Wo man links unten
eine kleine gedeckte Brücke über den, dem Auge durch die in
der Tiefe überhängenden Felsen, jetzt völlig verborgenen Strom sich
spannen sieht, von wo man interessanten Einblick in die Schlucht
hat, mündet auf der Rechten ein von Ober-Rongellen durch den
Wald herab führendes Strässchen, die ehemalige *alte Strasse*,
welche von hier aus den Verkehr mit Thusis vermittelte. Jetzt,
längst verödet, wird sie doch noch gerne der Abwechslung wegen
beim Besuch der Viamala als interessanter Heimweg benützt.
Der Durchbruch des *verlornen Loches* erfolgte endlich im
Jahre 1821 durch den tessinischen Ingenieur *Pocobelli*. Immer
wilder und grossartiger wird jetzt die Scenerie, enger und
enger treten die zu beiden Seiten himmelhoch aufstrebenden
Felswände zusammen; wir durchschreiten eine zum Schutze
gegen Steinschlag und Lawinen errichtete Gallerie und plötzlich
sehen wir vor uns eine Brücke in kühnem Bogen über die
Schlucht sich wölben, die uns auf die rechte Stromseite hin-
überführt. Tief drunten fliesst, hier ziemlich ruhig, zwischen

den schief abfallenden Wänden der, von der dort unten
herrschenden Dämmerung dunkler gefärbte Strom, nie von
einem erhellenden Sonnenstrahl beleuchtet und bald unter den
überhängenden, glatt ausgewaschenen Wänden verschwindend.
Die Strasse schmiegt sich eng an die Felswand an und bald
hebt sich eine zweite Brücke empor, in noch kühnerem Bogen
die grausige Kluft überspannend. Wir durcheilen noch ein
davorliegendes, malerisches Felsenthor und stehen nun auf dem
interessantesten Punkte der ganzen Parthie, aber auch am
Ende der Viamala. In Schaum und Gischt verwandelt, muss
der ungeberdige Strom durch eine enge Felsspalte sich zwängen;
senkrecht steigen links und rechts die ungeheuren Felswände
empor; zwischen die Wände der Schlucht eingeklemmte Steine
und Holz lassen erkennen, welche Höhe die Fluth bei Hoch-
wasser erreichen kann. Auf der linken Stromseite lassen sich
noch die Spuren des ehemaligen Saumpfades erkennen, welcher,
häufigen Steinschlägen und Lawinen ausgesetzt, den Namen eines
„bösen Weges“ nicht mit Unrecht führte. Man ist darüber
einig, dass die Viamala, ebenso wie die Schynschlucht, allmälig von Wasser ausgespült und durchgefressen wurden.
Noch jetzt kann man aus einer Zeit, da die Schlucht noch
lange nicht ihre jetzige Tiefe erreicht hatte, die Reste alter
Erosionskessel beobachten, sowie auch Reste alter Flusskies-
ablagerungen hoch über dem jetzigen Wasserlauf, ja sogar
hoch über der jetzt hindurchführenden Strasse.

Mag die Viamala vielleicht auch nicht auf jeden den
gleichen Eindruck machen, besonders wenn er durch über-
triebene Schilderungen sich noch mehr erwartet hatte, oder
seine Phantasie ihm eine auch jetzt noch von Schrecken und
Gefahren dräuende Passage vorspiegelte, jedem *unbefangenen*
Besucher wird sie durch die Grossartigkeit ihrer Verhältnisse
sicher imponiren. Wen sie jedoch in ihrer alltäglichen Gestalt
zu harmlos dünken sollte, dem rathen wir, sie einmal in später
Abendstunde bei einem Gewitter zu durchwandern, wenn un-
aufhörlich herniederzuckende Blitze die kahlen Wände, wie
die düsteren Tannen in Feuerströmen baden, der Donner in

tausendfachem Widerhall durch die Schlünde kracht, aus den
Seitentobeln Schlamm und Wasserströme niederstürzen, Fels
und Steine mit hinabreissend; wenn des Sturmwindes gellendes
Geheul um die Ecken und Vorsprünge pfeift, dem Wanderer
den Athem hemmend und die Schlucht selbst beim Leuchten
des Blitzes schwarz gähnend in den Höllenschooss zu führen
scheint; dann mag er wohl das „Gruseln" lernen und sich die
Gegend das nächste Mal gewiss lieber im hellen Sonnenlicht betrachten.   Eine ähnliche Scenerie muss dem Erfinder der Wolf-
schlucht im „Freischütz" vorgeschwebt haben.   Wunderschön

Zillis gegen den Splügen gesehen.

dagegen ist der Anblik der Viamala im Winter, wenn glitzernde, un-
geheure Eisstalaktiten, riesigen Orgeln gleich, überall von den
Wänden herabhängen und des Mondes geisterhaftes Licht sie
wie eitel Silber schimmernd aus den im Schatten liegenden
Parthieen hervortreten lässt.   Der erste Durchbruch der Viamala
erfolgte unter dem Protektorate des Grafen *Georg von Werdenberg*
durch die Gemeinden Thusis, Kazis und Mascin im Jahre 1473.
Die beiden Brücken wurden in den Jahren 1738 und 39 von
Baumeister Wildner in *Davos* erbaut.   1819—22 wurden sie
erweitert und dem neuen Strassenzuge einverleibt.

Thusis. — Die Brücke bei Solis.

Nachdem wir noch eine Strecke auf dem linken Strom-
ufer fortgeschritten sind, erweitert sich die Enge und indem
die schneebedeckten *Surettahörner* im Hintergrunde auftauchen,
führt uns eine dritte Brücke wieder an das rechte Ufer hinüber und wir stehen am äussersten Ende der Viamala und am
Eingange der freundlichen Thalschaft *Schams.* Wir erreichen
das nicht kleine Dorf *Zillis,* in dessen uralter Kirche St. Martin
wir interessante, auf Holz gemalte alte Deckengemälde zu be-
wundern Gelegenheit haben. Auf der rechten Thalseite zeigen
sich hoch an den Berghängen die Ortschaften *Lohn* und
Mathon, sowie die Ruine *Fardün.* Von Zillis führt uns die
Strasse am Dorfe *Pigneu* vorüber, wo eine eisenhaltige Mineralquelle sich befindet, über eine kleine Brücke nach dem
Hauptorte des Thales, dem stattlichen *Andeer.* An der kleinen
Brücke befindet sich folgende, keiner weitern Erläuterung
bedürftige Inschrift: *Jam patet via hostibus et amicis. Cavete
Rhäti! Simplicitas mororum et unio servabunt avitam libertatem.*
Darunter Tell's Apfel mit dem Pfeile.

Die stark eisenhaltige Mineralquelle von Pigneu hat
Herr Präsident Fravi nach Andeer in das ihm gehörige Bad
leiten lassen, woselbst sie, von Alters her eines guten Rufes
sich erfreuend, Sommers über von den zur Kur dort sich auf-
haltenden Fremden stark frequentirt wird. Von Andeer aus
führt die Poststrasse weiter durch die ebenfalls sehr interessante,
eine Viamala in kleinerem Massstab vorstellende *Rofflaschlucht*
nach *Splügen,* während vom Eingange der Roffla aus das
wilde *Ferrera-* und *Averser-Thal* sich gegen das Engadin
hinzieht; wegen seiner wildromantischen Scenerie und seiner
mineralischen Schätze ebenfalls fleissig besucht.

Der Abwechslung wegen können wir auf dem Heimwege
die jenseits der Viamala einmündende *alte Strasse* benützen
und durch den Wald über Ober-Rongellen und wieder durch
Wald hinab nach Thusis zurückkehren.

Der Schynpass.

Wir haben die Schönheiten der Viamala in Augenschein
genommen, nun drängt es uns, auch deren Seitenstück, den

Partie aus dem Schyn.

Schynpass kennen zu lernen. Wir wandern auf bekanntem Wege nach Sils und durch dieses hindurch. Gleich hinter Sils beginnt die Strasse zu steigen, dabei hübsche Rückblicke auf den Heinzenberg, Hohen-Rhätien, Ehrenfels, sowie auf *Thusis* und den Piz Beverin gewährend. Die Ansicht von Thusis mit dem imposanten Hintergrunde ist gerade von hier aus besonders schön und lässt sich nur etwa mit der von der

Höhe bei Scharans vergleichen. Ein Stück weiter oben, ehe
die Strasse nach rechts einbiegt, eröffnet sich durch eine Lücke
zwischen den auf der linken Strassenseite wurzelnden Tannen
hindurch ein überraschend schöner Blick auf Schloss *Baldenstein* und die Fabrikgebäude, belebt durch die blaugrünen
Wellen der Albula. Noch eine kurze Strecke und schon
blickt uns zur Linken wiederum ein alter zinnengekrönter

Baldenstein.

Thurm und zerfallenes Gemäuer
entgegen. Es ist die alte Ruine
Campi, der Stammsitz des
mächtigen und berühmten Ge-
schlechtes der Campbell, von welchem der Reformator des
Engadins und Geschichtsschreiber Alt-Rhätiens, *Ulrich Campbell,*
abstammte. Bald wird die Umgebung immer grossartiger. Auf
einer Wegstrecke von etwas mehr als einer Stunde überschreiten
wir mehr als ein Dutzend kleinerer oder grösserer Brücken,
passiren vier Tunnels und einige gemauerte Gallerien, welche
zum Schutze gegen Steinschläge und Lawinen erstellt sind.
Dabei haben wir fortwährend schöne Rück- und Umblicke,

Campi

nach dem Heinzenberg, hinter welchem die zerklüfteten Gräte der Savier-Berge hervorschauen, hinüber auf die andere Seite der Schlucht, wo sich hoch oben der ehemals als Verkehrsweg benutzte Saumpfad hinzieht, oder hinab auf den Fluss. Auch ein zur Rechten herabkommendes wildes Tobel fesselt unsern Blick. Waldige Abhänge und kahle Felswände folgen einander in immer neuem Wechsel und mit jedem Schritte erhalten wir neue Bilder. Rechts grüsst von freier Bergeshöhe die Kirche von *Solis* herab und zur Linken, jenseits des Flusses, erhebt sich auf ausgedehntem Felsplateau die stattliche Kirche von Obervatz, umgeben von den weissen Häusern des Dorfes. Bald nachdem wir an dem Wirthshaus zum *Passmal* vorüber sind, sehen wir zur Rechten ein gut erhaltenes Fahrsträsschen sich aufwärts ziehen, welches nach dem Bergdorfe *Mutten* führt. Bald kommen wir nun zum Glanzpunkte des heutigen Weges, zu der in einer Spannweite von 80 Fuss in kühnem Bogen .die Schlucht überwölbenden *Albula-Brücke bei Solis.* 257 Fuss hoch schwebt sie über dem Wasserspiegel, so dass selbst die im Grunde der Schlucht wurzelnden alten Tannen, von hier oben gesehen, kaum von Mittelgrösse erscheinen. Hinabgeworfene Steine schlagen mit kanonenschussähnlichem Knalle auf die Wasserfläche auf. Die Brücke wurde von Herrn Baumeister Frick in Cazis erbaut und die Strasse selbst im Jahre 1869 dem Verkehre übergeben. Sie vermittelt den Verkehr von Thusis nach *Davos,* sowie über den *Julier-* und *Albula-Pass* in's *Engadin.* Zunächst führt sie ansteigend nach *Alvaschein* und von da hinab zu dem im Thale liegenden *Tiefenkastel.* Wollen wir nun einen ebenso interessanten Rückweg einschlagen, so steigen wir den hinter dem Wäldchen links abzweigenden Fusssteig nach *Ober-Vatz* hinan und benützen von hier aus den oben bereits erwähnten Saumpfad, den sogenannten *alten Schyn.* Hoch an den Felswänden sich hinziehend, gewährt er prächtige Blicke hinab auf die zuvor von uns begangene Kunststrasse und den unten in schwindelnder Tiefe (hier passt dieser Ausdruck) dahinschäumenden Fluss; zurück auf die Berge des *Oberhalbsteins* und bis *Davos* hinauf; auf die grünen Matten des Muttnerberges, vorwärts auf den malerischen Heinzenberg, weiter unten dann nach Thusis und auf den obern Theil das Domleschg. Es ist der ächte alte Saumpass und einer der interessantesten Spaziergänge der Umgebung.

Bovel. Aclasut.

Unsre neuliche Wanderung durch die Viamala hat in uns den Wunsch rege gemacht, in die romantische Schlucht auch von oben herab einen Blick zu werfen. Wir wählten dazu, als den geeignetsten

Standpunkt, das Maiensäss*) *Aclasut* oberhalb Rongellen. Der Weg dahin führt durch den sog. *Bovel*, einen an der Westseite des *Crapteig* sich hinziehenden Wald. Wir gehen also am Rosenhügel vorüber nach rechts, und gelangen, eine kurze Strecke den Fahrweg verfolgend, dann quer über die Wiesen gehend, in den Wald. Hoch über uns sehen wir zu unserer Rechten auf einem von Wald umkleideten Fels-vorsprung des *Saissaberges*, und von diesem kaum zu unterscheiden, den verwitterten Thurm der Ruine *Obertagstein*. Unser Weg steigt eine kurze Strecke ziemlich steil aufwärts, dann wird die Steigung eine mässige. Hier ist's schön kühl, selbst an sehr heissen Tagen, denn die dichtstehenden Tannen lassen den Sonnenstrahlen wenig Zu-tritt. Moosbewachsene Steine und Felsblöcke laden rechts und links zur Ruhe ein. Wir steigen, den Pfad immer in gerader Richtung ver-folgend, aufwärts, ohne den nach beiden Seiten hin vorkommenden Abzweigungen zu folgen, und betreten, den Wald verlassend, eine nicht gar grosse Grashalde. Hier treffen wir auf die ausserhalb des Waldes sich heraufwindende „*alte Strasse*“, welche über Rongellen in die Viamala führt, und deren Einmündung wir beim Besuch der letztern gesehen haben. Wir überschreiten, den Strassenwindungen nicht folgend, die Grashalde und weiter oben die Strasse selbst, und wiederum durch Wald ziemlich steil ansteigend, gelangen wir bald wieder auf ein freies Wiesenplateau, welches wir, *in gerader Richtung* überschreiten und mit wenigen Schritten wieder den Wald und einen darin mit mehr oder minder Steigung sich hinziehenden Weg gewinnen. Dieser endet in eine breite und stark geneigt abfallende Rüfe des Rongeller Tobels, bei deren Ueberschreitung Vorsicht geboten ist, in-dem der ohnehin kaum fussbreite Steig, obwohl in jedem Frühjahr ausgebessert oder neu erstellt, doch im Laufe des Jahres wieder mehr und mehr verfällt in Folge des lockeren, stets und besonders nach Regengüssen nachrollenden Terrains. Wieder auf festerem Boden ange-langt, führt uns der Weg ziemlich steil zwischen alten, knorrigen Tannen hinauf, bis er, die Felswand erreichend, sich nach links an dieser fort-windet, dabei herrliche Blicke rundum gewährend. Diese Wegstrecke mag für Solche, die dem Schwindel ausgesetzt sind, bedenklich sein, gefährlich ist sie jedoch sonst nicht. Bald mündet der Weg in eine enge Schlucht und wir stehen nach wenigen Schritten auf dem Maien-säss *Aclasut*. Wir wenden uns zuerst rechts aufwärts und finden bald einen zum Aussichtspunkt führenden Pfad. Zu unseren Füssen liegt auf grüner Matte, von dunklem Tannenwald umkränzt, das Dörfchen Rongellen, unter diesem zieht sich die Strasse die Schlucht entlang. Die übrige Aussicht, so schön und lohnend sie ist, gleicht doch mehr

---

*) Maiensässe sind die niedriger gelegenen Voralpen. Meist in einer Höhe von 3—5000' gelegen, werden sie in den Frühjahrsmonaten bezogen und abgeweidet, bevor die eigentliche Alpfahrt auf die Hochalpen beginnt.

Die Viamala aus der Vogelschau von Aclasut aus.

oder weniger der von anderen, bereits besuchten Punkten, wesshalb wir nicht weiter darauf eingehen, und nur noch den hübschen Anblick von *Hohenrhätien* hervorheben wollen, dessen Ruinen, sich gerade über dem waldigen Crapteig erhebend, auf diesem selbst im Walde zu stehen scheinen. Wir wenden nun unsre Schritte dem tiefer gelegenen Theil von Aclasut, und einigen dort liegenden Felsblöcken zu. Bei diesen angekommen, treten wir an den mit Tannen umsäumten Rand vor und erblicken gerade vor uns in der Tiefe *die mittlere Brücke der Viamala.* Wie einen feinen Silberstreifen sehen wir den weissen Gischt des Wassers aus der engen Spalte heraufblinken und darüber wölbt sich hoch der Brücke Band in kühnem Bogen. Ein wahrhaft malerisches Bild, und die Mühe des Heraufsteigens durch seinen Anblick allein reichlich belohnend.

Von Aclasut aus führt, oben rechts am Waldesrande beginnend

Ausblick vom Muttner Horn gegen Süden.

ein steiler Pfad nach dem noch höher gelegenen Maiensäss Valoja, und von da nach den Alphütten von *Vioms* und dem Viomser Grat.

Das Muttner Horn.

Wir haben der nach Mutten hinaufführenden Strasse bereits bei Besichtigung des Schynpasses erwähnt. Sie führt uns in etwa einer Stunde nach Unter-Mutten und von da in einer weitern Stunde nach Ober-Mutten. Letzterer Ort ist nur während des Hochsommers bewohnt, zu welcher Zeit dann Untermutten wie ausgestorben erscheint. Das eine reiche und lohnende Fernsicht bietende 8000′ hohe Muttnerhorn ist von hier aus in etwa anderthalb Stunden mühelos zu ersteigen. Es ist eine der von Thusis aus am häufigsten unternommenen Parthien, da man mit Einspännern bis Obermutten fahren kann. Ein anderer, zwar steiler, aber ungemein interessanter Weg führt von dem oberhalb Hohen-Rhätien gelegenen Maiensäss *Cruschenna* aus nach Obermutten hinauf; Unkundige bedürfen hiezu eines Führers. Man kann

Thusis. — Die zweite Brücke in der Viamala.

nach Besteigung des Muttnerhorns, dessen höchste Erhebung seine
südliche Kuppe ist, von Obermutten aus hinunter nach dem Maiensäss
Samest und von da hinab nach Zillis gelangen, oder kürzer und bequemer nach dem Maiensäss *Badér,* von welchem aus ein sehr gut gehaltener
Weg hinab zur dritten Brücke am Ausgange der Viamala führt, durch
welche man dann heimkehren kann. Tüchtige Fussgänger könnten
also die Tour durch den Schyn zur Soliser Brücke, hinauf nach Mutten
und auf's Horn, sowie hinab nach Zillis und durch die Viamala zurück,
frühzeitigen Aufbruch vorausgesetzt, an einem Tage machen; eine
Parthie, die zu den lohnendsten und genussreichsten gehören dürfte,
die man sich denken kann.

Das Stätzer Horn.

Auch diesem renommirten Aussichtspunkte müssen wir einen Besuch machen. Dies thun wir auf die bequemste Weise, wenn wir durch
den Schyn und über die Lenzer Heide nach *Parpan* fahren, dort übernachten, und andern Tags auf bequemem Strässchen die Spitze erreichen, und auf eben diesem Wege hierher zurückkehren. Wollen
wir es aber als Bergtour, und etwa als Vorübung einer Piz Beverin-
Besteigung betrachten, so nehmen wir unsern Weg entweder nach
Scharans und von da aufwärts nach der *Daniser Alp* und über den
Grat unterhalb der Daniser Spitze, überschreiten noch eine grosse
Halde und kommen dann nach der hochgelegenen *Alp Raschill* und
von da zu der fast ganz verfallenen Schirmhütte und auf die Spitze,
oder wir gehen zunächst nach *Almens* und von da über die Maiensässe
von Schall und die Schaller Alp nach Alp Raschill und von da vollends
hinauf. Der Aufstieg von Thusis bis zur Spitze wird etwa 6 Stunden
in Anspruch nehmen, der Rückweg etwa deren vier. Für die gehabte
Anstrengung wird man, droben angekommen, überreichlich belohnt
durch die herrliche Fernsicht, welche sich dem Auge darbietet, und
wegen deren der Berg mit Recht „*Graubündner Rigi*" genannt wird.
Die 2576 Meter = 8586 Schweizerfuss hohe Spitze hat in der That eine
so vortheilhafte, vorgeschobene Lage, dass man von ihr aus nicht nur
fast alle Bündner Gebirge, sondern auch weit darüber hinaus, und
grosse Thalstrecken überblicken kann. Ohne uns in eine Detailschil-
derung des prachtvollen Rundgemäldes, wie es sich da oben vor unsern
Augen ausdehnt, einzulassen, verweisen wir vielmehr zu diesem Zwecke
auf das von Hrn. Professor A. Heim in Zürich entworfene, ausgezeichnete
Panorama des Stätzerhornes, welches in allen Churer Buchhandlungen
zu haben ist. Wir erwähnen nur kurz, dass man das ganze *Domleschg,*
den *Heinzenberg,* die *Savier-Berge,* den *Piz Beverin,* die Berge des

Rheinwaldes und die von *Schams, Oberhalbstein, Bergün,* die Höhen des *Septimer* und *Julier;* die majestätische *Berninagruppe,* das *Schanfigg, Rhätikon, Scesaplana, Calanda, Ringelspitze,* die Berge des *Calfeuserthals,* die *Oberländer Gebirge* und die grossartige *Tödikette* vor dem bewundernden Blick sich ausdehnen sieht. Wenn wir wollen, können wir auch noch dem benachbarten *Faulhorn,* über den sich zu diesem hinziehenden Grat gehend, einen Besuch machen; jedoch bedarf es hiezu eines ziemlich schwindelfreien Kopfes. Haben wir dann auch den Heimweg entweder wieder über Almens oder Danis und Scharans hinabgenommen, so haben wir unsre Leistungsfähigkeit genügend erprobt, um uns auch an die grösste Parthie der nächsten Umgebung wagen zu dürfen, an die Besteigung des

Piz Beverin.

Spitzbuberin nennt ihn der Volkswitz, und die Bezeichnung ist treffend; denn dass er ein Schelm ist, musste zu seinem grossen Leidwesen schon Mancher erfahren, der beim heitersten, von keinem Wölkchen getrübten Himmel sich anschickte, dem alten Herrn einen Besuch zu machen, um dann, droben angekommen, die keineswegs freudige Wahrnehmung zu machen, dass sich derselbe unterdessen eine Schlafmütze in Gestalt einer gewaltigen Nebelwolke aufgesetzt hatte, und diese unhöflicher Weise aufbehielt, so dass Mühe und Anstrengung der Besteigung vergebens aufgewendet waren. War dann der Bedauernswerthe, und es hat viele dieses Loos getroffen, wieder unten im Thale angekommen, so lächelte ihm der Spitzbuberin wieder unbedeckten Hauptes schadenfroh zu. Trotzdem riskiren auch wir das Unternehmen, und wandern des Nachmittags am linken Nollaufer aufwärts dem Weiler *Glas,* wo wir übernachten wollen, zu. Der Weg dahin ist uns bereits von früher her bekannt; er führt über *Urmein* und *Tschappina* und in etwa drei Stunden sind wir am Ziele. Wir finden da gute Unterkunft, und unsers morgigen, sehr frühe beginnenden Tagewerkes eingedenk, begeben wir uns zeitig zur Ruhe. Noch schimmert der Mondsichel bleiches Licht und funkeln die Sterne hell am dunklen Nachthimmel, der kaum im fernsten Osten einen helleren Streifen zeigt, und schon ist Alles wieder auf den Füssen, und munter wird nach eingenommenem Frühstück der Marsch angetreten. Durch einen Wald von Alpenrosenbüschen steigen wir den gerade vor uns liegenden *hohen Bühl* hinan, dann eine steile Grashalde entlang, und umklettern endlich den nördlich sich herabziehenden schmalen Grat, an dessen östlicher Seite wir uns fast bis zu seinem Ende fortbewegen. Zu unseren Füssen stürmt der *weisse Nolla* in wilden Sprüngen hinab, während wir durch ein sogen. Kamin den Kamm des Grates ersteigen, und nun am Fusse der ge-

waltigen Pyramide angekommen, an deren westlicher Seite immer höher
steigend, die Südseite zu gewinnen trachten. Vorsichtigen Schrittes,
die vom Führer geschlagenen Stufen benützend, überschreiten wir
einige Schneefelder, während zu unserer Rechten der Berg einige
tausend Fuss gegen das *Carnusa-Tobel* abfällt; zwar nicht senkrecht,
aber in steiler Abdachung, und weiter unten in senkrecht abfallende
Wände auslaufend. Endlich haben wir die Südseite gewonnen, und
nun geht es über bald regellos, bald staffelförmig über einander liegende
Schiefertrümmer dem Gipfel zu, der nun bald erreicht ist. Es ist ein ziemlich
grosses Plateau und stets mit mehr oder weniger Schnee bedeckt. Wir
befinden uns nun auf einer Höhe von genau 3000 Meter = 10,000 Schweizer-
fuss ü. M. Die nördliche, gegen den Nolla etwas überhängende Spitze
ist etwas niedriger und kann ebenfalls leicht erklommen werden.
Manchen Schweisstropfen hat der Aufstieg gekostet, und öfters musste
den heftig arbeitenden Lungen Ruhe gegönnt werden, herrlich ist aber
auch der Lohn, der der Anstrengung folgt. Sollen wir nun versuchen,
zu schildern, was uns, auf solcher Höhe angelangt, die Brust höher
schwellen, das Herz rascher schlagen macht; den Blick trunken umherschweifen lässt, und was die Menschen im Allgemeinen „eine Aussicht" nennen? Wir wollen es nicht thun und uns auf die kurze
Erklärung beschränken, dass sie in Wahrheit zu den schönsten im
Lande gezählt werden darf. Wer mit eigenen Augen sie gemessen
und in ihrem Anblick geschwelgt hat, wird auf eine Beschreibung derselben gerne verzichten. Den Armen aber, die diesen Zauber noch
nicht gekostet, sei es aus Mangel an Gelegenheit oder übergrosser
Bequemlichkeit, ihnen und besonders den Letzern sie zu schildern,
tragen wir kein Verlangen. Mögen sie trachten, Versäumtes es nachzu-
holen, und den Genuss aus eigener Anschauung kennen zu lernen.
Ueber uns glänzt der blaue Himmel im zitternden Mittagslicht; was
sonst wir noch gesehen und bewundert, behalten wir für uns. Kommet
und sehet selbst!

Der Piz Beverin besteht, wie seine ganze nächste Umgebung, ganz
aus Bündner Schiefer, dem nach S.-W. Kalk aufgelagert ist. Diese
Seite birgt auch grossen Reichthum an Quarzkrystallen, darunter schönen
Rauchtopas; sie bildet das ergiebige Jagdgebiet der Crystallsucher.

Dass die Parthie, von Glas aus unternommen, nicht so schwierig
oder gefährlich ist, wie sie oft geschildert wird, dafür spricht die
Thatsache, dass schon öfters ungeübte Damen sie mit Erfolg unter-
nahmen, wie auch bei einer im Sommer 1879 von Glas aus unternommenen Besteigung 2 Damen und ein 12-jähriges Mädchen Theil nahmen.
Relative Schwindelfreiheit ist allerdings wünschenswerth. Der Aufstieg
von der Schamser Seite, meist von Zillis aus, bedarf auch dieser nicht,
ist aber viel langweiliger, und darum ermüdender, ebenso der Abstieg
dahin über die fast endlosen Alpweiden.

Thusis. — Das verlorene Loch.

Wir haben uns der herrlichen Fernsicht nun genugsam erfreut, denn der Alte hat uns höflicher Weise baarhäuptig empfangen, und machen uns nun, nachdem wir zum Dank unsre Karten im Steinsignal zurückgelassen, mit dem erhebenden Bewusstsein auf den Heimweg, einen Tag verlebt zu haben, wie wir ihn genussreicher noch selten zu verzeichnen hatten.

Der Nolla.

„Das Beste kommt zuletzt", sagt das Sprichwort; hier aber wäre es falsch, denn wir haben den schlimmsten Artikel auch zum letzten gemacht. Und ein schlimmer und theurer Artikel für Thusis und das Domleschg ist er von jeher gewesen, der aus den Schluchten des Piz Beverin herabkommende *Nollabach*, das wildeste und gefährlichste Bergwasser der ganzen Schweiz. Sein Ursprung vertheilt sich nach zwei Seiten: dem in der Richtung von Glas herabkommenden, sogen. *schwarzen Nolla*, den man für einen Abfluss des *Lüscher See's* zu halten geneigt ist, und der stets vom mitgerissenen Schieferschlamm schwarz gefärbt ist, und aus dem vom Piz Beverin herabkommenden *weissen Nolla*, dessen Fluthen in der Regel klar sind. Beide vereinigen sich unterhalb der Alp Masügg, im sog. *Loch*. Bei seinem ungemein starken Gefälle kann man sich von der Wildheit und dem Ungestüm seiner Ausbrüche, von denen sein mit wüstem Geschiebe erfülltes, breites Bett, ehedem fruchtbares Gelände, sowie die haushohen Geröll-Massen. wie sie unterhalb der Nollabrücke zu sehen, Zeugniss geben, leicht eine Vorstellung machen, und doch dürfte der Anblick eines solchen Ausbruchs auch die gewagteste übertreffen. Der parallel mit der Strichrichtung des umgebenden Bündner Schiefers fliessende Lauf des Nolla bedingt die beständigen Abrutschungen an den seine Ufer bildenden Abhängen. Gewöhnlich nur wenig Wasser führend, kann er nach längerem Regen oder bei Hochgewittern am Piz Beverin plötzlich zur Verderben bringenden Rüfe anschwellen. Seinen dunklen Schlamm bringt der Rhein, der sich lange gegen die schmutzige Gesellschaft sträubt, bis in den Bodensee. Ein Besuch des obern Nollabettes etwa von Urmein oder dem Maiensäss *Dürrenwald* aus darf als sehr interessant empfohlen werden. Noch müssen wir auf die an mehreren Stellen vorgenommenen Nolla-Verbauungen oder Thalsperren aufmerksam machen, von denen die oberen übrigens bereits völlig ausgeebnet oder aufgefüllt sind. Mögen sie das Ihrige dazu beitragen, dass die Chronik der Nolla-Ausbrüche für abgeschlossen gelten könne.

Die Nollaschlucht.

Schlusswort.

Ehe wir uns vom freundlichen Leser verabschieden, wollen wir nicht versäumen, noch auf einige grössere Ausflüge kurz hinzuweisen, die man von hier aus bequem ausführen kann. Wir rechnen hiezu die interessante Tour durch's Savienthal und über den 8000 Fuss hohen Pass des *Löchliberges* nach Splügen, und wollen hiebei auf einen im Hintergrunde des Thales circa 1000 Fuss hoch herabfallenden, den *Staubbach an Schönheit und Mächtigkeit übertreffenden Wasserfall* aufmerksam machen. Von *Splügen* aus sind die Touren an die *Rheinquelle*, das *Rheinwaldhorn*, *Tambohorn*, den *Splügen-* und *Bernhardinpass* als lohnend und genussreich zu empfehlen, sowie der Weg durch die *Roffla-Schlucht* nach Andeer. Von *Andeer* durch das wilde *Ferrera-* und *Averser-Thal* mit seinen reichen Erzlagern und sonstigen mineralischen Schätzen, über den *Stallerberg* nach *Stalla*, von da über den *Julier* in's *Engadin* und über den *Albula-Pass* zurück ist eine ebenso interessante als an Naturschönheiten reiche Tour. Auch ein Ausflug durch die romantische *Zügenstrasse* nach *Davos* dürfte zu empfehlen sein. Jede dieser Routen kann wieder beliebig nach allen Seiten ausgedehnt werden.

Und nun hätten wir unsere Aufgabe beendet, und dich, freundlicher Leser, mit Thusis und seiner herrlichen Umgebung, soweit diess in so engem Rahmen durch Wort und Bild geschehen konnte, bekannt gemacht. Wir danken dir für die Geduld, mit der du uns bisher begleitet, und rufen dir zu, auf baldiges Wiedersehn! Wer einmal in unserm Thale gewandelt, der kehrt gerne wieder, sei es auch nur in Gedanken und in freudiger Erinnerung! Denn noch oft wird das reizende Thal vor seinem geistigen Blicke auftauchen, das zu den schönsten im Bündnerlande sich zu zählen berechtigt ist; um-

geben von Bergen, theils in langen kühnen Linien empor-
steigend, schneebedeckt und blau umschattet, theils in anmuthigen Wellenlinien verlaufend, und bedeckt mit jenen
grünen Triften, von denen der Heerde munteres Geläute er-
schallt; darunter dehnt sich langgewunden die Strasse und
rauscht der Rhein aus den Felskoulissen der *Viamala* hervorstürmend, seine unendliche urewige Melodie! Nahe bei einander die Thätigkeit mächtiger Naturgewalten und idyllischer
Friede, der uraltes unabänderliches Leben begleitet.

> Denn wie die Welt sich wandeln mag,
> Rastlos in Weben und Streben,
> Bergvolk und grüne Bergeswelt,
> Sie haben ewiges Leben!
>
> *(C. Stieler.)*

THUSIS.

Spaziergänge in der Umgebung.

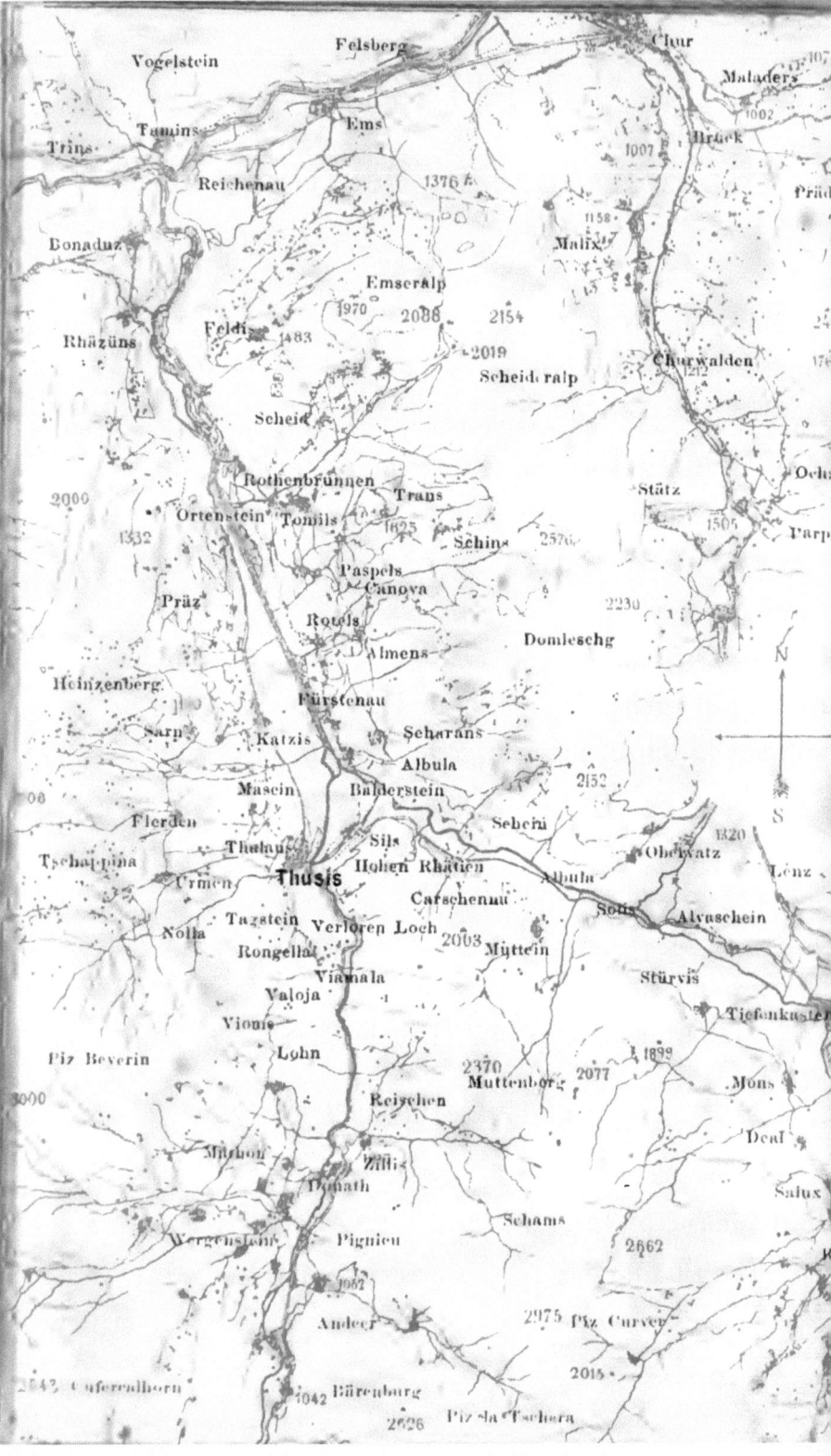